신논현역 7번 출구

시조사랑시인선 53

최은희 시조집

신논현역 7번 출구

열린출판

신논현역 7번 출구

1판 1쇄 발행 2024년 6월 28일

지은이 | 최 은 희
펴낸곳 | 열린출판
등록 | 제 307-2019-14호
주소 | 경기도 고양시 덕양구 권율대로 656, 1401호
전화 | 02-6953-0442
팩스 | 02-6455-5795
전자우편 | open2019@daum.net
디자인 | SEED디자인
인쇄 | 삼양프로세스

ⓒ 최은희, 2024
ISBN 979-11-91201-73-4 03810

*책값은 뒤표지에 표시되어 있습니다.
*저자와 협의하여 인지를 생략합니다.

■ **시인의 말**

내 시조의 여정은 마치 깊은 사색의 숲을 헤매는 것과 같다. 숲속에서 길을 잃기도 하고, 때로는 예상치 못한 경치에 마음을 빼앗기기도 한다. 이러한 과정 속에서, 나는 전통과 현대성, 유산과 혁신이 공존하는 곳에서 내면의 목소리를 찾아내려 한다.

시조집에 담긴 작품들은 내 내면에서 우러나온 사유와 감정의 증거들이리라. 자연의 속삭임을 듣고, 역사의 무게를 느끼며, 인간 내면의 미묘한 감정과 마주하려 한다. 전통적인 시조의 형식 안에서 자유롭기를 꿈꾸며, 나만의 시적 언어를 찾고자 애쓴다.

이 시조집을 통해, 나는 시간과 공간을 넘나드는 문학적 대화를 시도하고자 했다. 이는 내 작품 활동의 지향점이자, 독자와의 소통 방식이다. 시조의 말들이 독자의 마음에 사유의 숲을 만들어 주고, 자신만의 사색과 성찰의 순간을 발견하게 하는 것이 내가 바라는 바다.

이 시적 여정을 독자와 함께할 수 있어 감사하다. 내 시조가 독자의 삶에 작은 등불이 되어, 때로는 위로가 되고, 때로는 깊은 사유의 순간을 선사하기를 소망한다. 우리 모두가 함께하는 이 대화가 우리 각자의 내면과 외면 세계를 잇는 다리가 되길 바란다.

2024.5.20.

최은희

■ **차례**

■ 시인의 말__5

1부 접요일

접요일蝶曜日 ·· 15
길을 걷다가 ·· 16
강물이 푸른 뜻은 ·· 17
개미의 가을 엽서 ·· 18
곶감 ··· 19
나목 ··· 20
낭만 3악장 ··· 21
보수동 책방골목 ·· 22
너에게 난 ··· 23
성인聖人을 보다 ·· 24
소녀상을 보며 ··· 25
약속을 지키다 ··· 26
어떤 작별 ··· 27
에메랄드빛 사리숨利 ··································· 28
우남 생각 ··· 29
입동, 저녁 ··· 30
지구를 떠난 어린 왕자 ······························· 31
피에타 ··· 32
지노귀굿 ··· 33
빗속에서 ··· 34
세빛둥둥섬 ··· 35

2부 골든타임

골든타임 … 39
신논현역 7번 출구 … 40
꽃의 환幻·2 … 41
내 탓이요 … 42
대나무 환상곡 … 43
실어증 … 44
몌별袂別 … 45
바다는 오늘도 … 46
여고동창 … 47
영산강에 뜨는 달 … 48
옥희 생각 … 49
타는 가슴으로 … 51
가는 잎 할미꽃 … 52
가을 피접避接 … 53
다음 생엔 나비 … 54
삼고무三鼓舞 … 55
양간지풍襄杆之風 … 56
칡소 … 57
발해를 가다 … 58
내 마음의 노시인 … 59
DMZ, 하늘을 품다 … 60

3부 세 시 삼십 분

세 시 삼십 분 ……………………… 65
존엄사를 위하여 ……………………… 66
개펄에서 ……………………… 67
게와 아이들 ……………………… 68
접지接地 ……………………… 69
나비의 시 ……………………… 70
바람에게 들어라 ……………………… 71
인연의 끝 ……………………… 72
화장장에서 ……………………… 73
이 겨울의 탱고 ……………………… 74
촛불 앞에서 ……………………… 75
월광 소나타 ……………………… 76
죽어서 하나 되다 ……………………… 77
이방인의 집 ……………………… 78
밤을 깁다 ……………………… 79
4월에 ……………………… 80
가을, 그리운 ……………………… 81
물옥잠 궁宮 ……………………… 82
갯배에서 ……………………… 83
꽃매미 ……………………… 84
시조 세계화 유감 ……………………… 85

4부 뉴욕 5번가

뉴욕 5번가 ………………………………… 89
뉴저지 어디쯤에서 ……………………… 90
부모님 묘역에서 ………………………… 91
메릴랜드의 크랩 ………………………… 92
밥 딜런에게 ……………………………… 93
십자가 아래 ……………………………… 94
카레이스키 환상곡 ……………………… 95
태양의 눈물 ……………………………… 96
허드슨 강 가에 서면 …………………… 97
가을엔 샹송을 …………………………… 98
겨울 나목 ………………………………… 99
나야, 나 …………………………………… 100
넋의 노래 ………………………………… 101
눈물의 폭포 ……………………………… 102
눈발이 되어 ……………………………… 103
달 없는 밤 ………………………………… 104
생존나무 ………………………………… 105
날다, BTS ………………………………… 106
가을 억새 ………………………………… 107
위대하다, K클래식 ……………………… 108

5부 울란바타르, 메모 하나

울란바타르, 메모 하나 ········· 111
구름, 털갈이하다 ············ 112
게르에서 별 줍기 ············ 113
마두금馬頭琴 ··············· 114
내게 묻다·2 ··············· 115
마유주馬乳酒 ··············· 116
두 개의 슬픈 선율 ············ 117
몽골에서 서울을 만나다 ········· 118
실낙원 ··················· 119
칭기즈칸처럼 ··············· 120
칸의 노래 ················· 121
테를지의 별밭 ··············· 122
톨 강江을 보며 ··············· 123
방하放下의 풀꽃 ············· 124
별리別離 ················· 125
술래잡기 ················· 126
연인의 시간 ··············· 127
겨울 미뉴엣 ··············· 128
계곡은 내게 ··············· 129

■ 해설: 삶의 근원적 질문에 대한 탐색과
　　　문학적 성찰__131

1부 접요일

접요일蝶曜日

흰 나비 비틀대며 건릉*에 날아든다

꽃 지는 이 가을에 격쟁擊錚**을 하는 건지

날개를 접었다 폈다 온 몸으로 징을 친다

*경기도 화성시에 있는 조선 제22대 왕 정조와 효의왕후를 합장한 무덤.
**백성들이 임금의 행차 앞에 징을 울리며 억울함을 호소하는 일.

길을 걷다가

거칠고 가파른 삶 발목뼈가 시큰하다

찬바람에 흔들리는 꽃 대궁을 부여잡고

불현듯 돌아 본 길섶 그 자리가 꽃밭이다

강물이 푸른 뜻은

시간이 풀어 놓은 지나간 물빛 얘기

서러움 마디마다 하늘 이불 덮어주며

바다가 열리는 길목 밤낮으로 밀고 간다

개미의 가을 엽서

열매를 따던 일은 한여름 꿈이었나

눈 들면 울긋불긋 세상은 눈부신데

황금빛 이 계절에도 거둘 것이 없구나

곶감

햇살을 얇게 저며 은사銀絲를 입히듯이

도공의 그 손길로 가을을 다듬으면

구름 빛 품은 꿀통이 달 항아리로 다시 설까

나목

나목이 되고 싶다, 버거운 옷 훌훌 벗고

동안거 들어가는 황혼의 수도승처럼

고요히 마음을 닦아 새 봄 다시 맞고 싶다

낭만 3악장

1
극락전 너른 뜰에 몸을 푼 하얀 수국
새초롬한 꽃잎 위에 나비 한 쌍 마주 앉아
날개를 가만 접고서 먼 하늘을 응시한다

2
이른 아침 눈이 부신 이슬에 몸을 씻고
지난 밤 속삭임도 불러 모은 쨍한 햇살
우렁찬 개선행진곡 발걸음도 당당하다

3
무언의 손짓들이 고요를 깔고 앉아
적바림한 세상사를 켜켜이 절여 놓고
긴 여행 떠나려는가 가만가만 짐 싼다

보수동 책방골목

콤콤한 헌책 냄새 발길을 잡아끈다
못다 한 이야기가 그늘에 들어 앉아
먼지 쓴 한때를 불러 빛을 따라 일으킨다

켜켜이 쌓여있는 판도라 상자 속에
잊혀진 삶의 조각 헤집고 톺아보면
하이네, 어깨 툭 치며 옛 사랑을 데려온다

너에게 난

뻘밭을 뒹굴어도 잊지 못 할 이름 있다

얄팍한 가슴팍에 박혀 있는 대못 하나

밤새워 너를 부른다, 못처럼 박힌 너를

성인聖人을 보다
-정희일 할머니*

휜 허리 펼 새 없이 분주히 놀리는 손

날개 잃은 수만 천사 또 하루가 든든하다

영등포 '마더 데레사' 미소까지 금빛이다

*국내 최초 행려인 대상 무료급식소인 '토마스의 집'에서 33년간 봉사한 공로로 2019년 'LG 의인상' 수상

소녀상을 보며

설운 삶 보퉁이 속 손때 묻은 편지 한 장

시린 손 잡아주던 어머니가 되살아나

스무 살 젖은 눈으로 고향 하늘 우러른다

약속을 지키다
-프라미스 작전*

휴전이 깨어지자 검은 땅 흔들렸다
떼로 울린 총성 앞에 비명소리 쏟아지고
밤 새워 충혈된 눈빛 더욱 낮게 흔들린다

목숨을 아끼지 않는 뜨거운 피돌기로
프라미스 작전 위해 날아 온 비행기들
약속을 지켜 낸 땅에 희망나무 서 있다

*2023년 4월 25일, 군벌 간 무력 충돌이 벌어진 수단에서 한 국 교민들을 탈출시키는 작전.

어떤 작별

미치광이 걸음새로 힌남노*가 다녀간 날

소년의 문자 한 통에 반도 땅이 다 젖었다**

그날에 쏟아진 눈물 수평선도 부풀었다

*2022.9.5. 동남부 지방을 강타한 태풍 이름.
**힌남노로 인해 포항의 한 아파트 주차장에서 중학생 아들이 "엄마 사랑해요, 키워주셔서 감사해요."라며 엄마에게 남긴 말.

에메랄드빛 사리舍利
-혜해스님 추모

근 백 년 노老비구니 외줄기 수좌의 삶

가볍게 내려놓자 사리 몇 알 영글었다

꼬여서 풀지 못한 길 열반으로 가자 하네

우남 생각
-영화 건국전쟁

나라를 구하라는 하늘의 부름 받아
사막 같은 폐허 위에 샘 하나 파놓고서
우렁찬 닭 울음소리로 새 아침을 열던 사람

별빛을 등불 삼아 지새우던 숱한 밤들
배고픔에 주린 눈빛 그 허기 채워주려
태평양 파도 위에도 태극기를 휘날렸다

뭉쳐야 산다는 희망 하나 붙잡고서
사람보다 이념 먼저 앞세우던 붉은 무리
다시는 얼씬도 못할 철책 선을 그었다

뉘라서 먼지 한 톨 안 묻히고 살아갈까
나무만 보지 말고 큰 숲을 보라시던
그 말씀 메아리로 남아 이 땅을 울린다

입동, 저녁

갈대꽃도 머리가 센 입동 무렵 노을 너머

겹겹이 깔린 고요 숨소리도 잦아들 즈음

땅거미 그림자 뒤로 걸어온다, 겨울이

지구를 떠난 어린 왕자

1
흑성에서 바라보던 보석 같은 푸른 별에
숨 막히게 감겨드는 금발의 머릿결로
길들인 여우와 장미 수천水天가에 가물댄다

2
초록 뱀이 데려다 준 동쪽 땅 남산타워
눅진한 숨소리가 불빛 아래 널브러져
서글픔 움켜쥔 자리에 멍 자국을 남긴다

3
강이며 땅과 바다 제멋대로 흘러가고
적자만 쌓여가는 세상을 바라보다
소혹성 댓돌에 앉아 지구 먼지 털고 있다

피에타*

내 안에 내리는 비는 고이기만 하는구나

몇 번의 절망을 더 넘어서야 끝이 날까

마음 밭 일구지 못하는 마음보를 돌보소서

*pieta: '슬픔', '비탄' 등을 뜻하는 이탈리아어.('자비를 베푸소서')

지노귀굿*

그대가 내 숨 안에 조붓이 들어 앉아
더운 숨 나누면서 휘도는 물줄기로
침전된 마음의 때를 비워낸다, 말갛게

달도 이운 이승 자락 줄지은 삼보일배
저승길 채근하는 자진모리 춤사위에
바람도 잠시 멈추고 지켜본다, 가만히

*경기지방에서 죽은 사람의 넋을 극락으로 천도하는 굿.

빗속에서

부서진 소망들이 가을비로 흩뿌릴 때

코로나 세균들이 쌓고 있는 저 허상들

빗줄기 사이사이로 절망들이 걸어온다

세빛둥둥섬

한강에 놀이 들자 물결이 출렁인다

저무는 세상 앞에 밝히고 선 삼색 등불

휘황한 서울의 저녁 그 안에 깃들고자

2부 골든타임

골든타임

살얼음판 까치발로 비척대는 순간순간

내 안에 금 가는 소리 깊고 넓게 퍼질 즈음

그의 손 벼릿줄 되어 끌어주네, 내 삶을

신논현역 7번 출구

챙 넓은 우산처럼 품을 열어 날 맞았지
만남의 실을 꿰는 그 출구 매양 거기
발효돼 곰삭은 얘기 맛갈스레 나눈다

오랜 날 다른 곳만 바라보고 걸어온 길
오늘은 그대 앞에 밝은 햇살 풀어 놓고
뉘엿한 금빛 놀 안에 눈을 가만 맞춘다

꽃의 환幻·2

바람의 숨소리가 잠시도 쉬지 않아

밤낮을 가리잖고 꽃봉오리 뒤흔들면

어둠이 알을 낳는다, 한 세상이 열린다

내 탓이요

오늘도 땅과 바다 몸살을 앓고 있다
줄지어 떠나가는 물고기 바다거북
사람들 등쌀에 치어 살 곳마저 잃었나

지난 밤 녹아내린 거대한 빙하의 산
차오르는 바닷물에 섬들이 허우적대고
열도를 휩쓸고 떠난 하기바스* 긴 그림자

멀쩡한 내 집 앞에 이웃들 눈치 보며
온 종일 뉴스 따라 팔다리도 떨리는 밤
그제야 가슴을 치며 중얼댄다, 내 탓이요

*2020년 일본을 휩쓴 제19호 태풍 이름.

대나무 환상곡

댓잎이 술렁이며 새벽을 건너 온다

바람이 건네준 말 조각조각 움켜쥐고

어둠에 고요를 얹어 채워가는 푸른 결핍

실어증

수런대던 풀잎들이 발문을 굳게 닫고

달싹대던 골짜기도 메아리를 거두었네

까마귀 목쉰 울음만 마스크에 붙어 있다

메별袂別

살구나무 가지 위에 아기 참새 울던 그날

걸음마다 꽃을 놓듯 울음 꾹꾹 찍는 길을

화관 쓴 꽃상여 한 채 흔들흔들 가고 있다

바다는 오늘도

천리포 노을빛이 목련꽃에 드리운다

파도의 춤사위에 흥을 돋운 하늬바람

바다는 두 팔을 벌려 먼 데 산을 끌고 온다

여고동창

눈 내린 종로에서 늙은 애들 모이던 날

서로의 모습에다 교복을 입혀보니

머리엔 흰 국화 폈어도 그때 마음 그대로다

영산강에 뜨는 달

쪽빛 나는 물침대에 이리저리 뒹굴다가

바람 따라 물결 따라 물무늬도 그리다가

은하수 길게 흐르면 강물 속에 숨는다

옥희 생각

만남

오늘처럼 작달비가 창문을 두드리면
유난히 흰 얼굴에 티끌 한 점 없던 아이
스무 살 내 동무였던 옥희를 생각한다

우정

부딪는 두 가슴에 봄앓이 가득하여
도막 글 단물 샘에 손 담그고 눈 맞추며
두 마리 해오라기는 찰지게도 재재댔다

결별

숨통이 끊어졌다, 백혈병 화살촉에
너 없어 더 싸늘한 강의실 휑뎅하여
새하얀 고드름처럼 꼿꼿하게 서 있다

추억

외론 맘 보고픔을 품었다 밀어내며
싯누런 푸섶길에 투미하게 혼자 남아
먹구름 떼 지어 오는 빈 들판만 바라본다

타는 가슴으로

빈 강정 채울듯이 가슴 가득 별을 품고

구름 사이 숨어있는 그대 얼굴 바라보다

여명이 새벽을 열 때 나도 따라 빛이 될래

가는 잎 할미꽃

사무친 절규마다 핏빛으로 솟구치는

골고다* 언덕길에 함성처럼 활짝 핀 꽃

하얗게 사위는 밤을 십계판+誡版에 묶고 있다

*예수가 처형된 곳

가을 피접避接

무서리 뜬소문에 산과 들이 왁자하다

눈치 빠른 잎새들이 서둘러 변장하고

바람이 오기도 전에 사방으로 흩어진다

다음 생엔 나비

뜨락의 풀잎들이 깍지 끼고 술렁일 때

너는 또 휜냉이꽃, 그 꽃으로 피었구나

나도 곧 나비가 되어 여름 연다, 뜨겁게

삼고무三鼓舞

손과 손 춤을 춘다, 세 개의 북을 향해

가슴을 파고드는 한의 소리 흥의 소리

후끈한 휘모리장단에 푸른 하늘 출렁인다

양간지풍 襄杆之風

식목일 불청객이 동해 양간* 휩쓸었다

꽃과 잎 피울 산하 잿더미로 만들고도

아무 일 없었다는 듯 시치미를 뚝 뗀다

*강원도 양양과 간성 사이를 일컫는 말. 매년 봄이면 이 지역에서 부는 바람을 타고 화재가 자주 발생한다.

칡소

이중섭이 그렸을까 피카소가 칠했을까
온 몸을 감아 도는 황갈색 호랑무늬
고추뿔 불끈 세우고 콧김 휙휙 뿜는다

꾸짖듯 쏘아 본다 이글대며 타는 눈빛
먼지 낀 세상 향해 한 달음에 치받을 듯
단숨에 박차고 나갈 땅을 박박 고른다

발해를 가다

바람과 눈비마저 비단 폭을 펼치던 곳
발해금琴 둥기둥기 골골마다 출렁이면
심장속 푸른 박동이 땅거죽을 흔들었다

널따란 주작대로* 지워진 발자국이
수막새에 들어앉은 연꽃잎 더듬을 때
시커먼 황사먼지가 발해만을 건넌다

*발해 수도 상경에 있었던 큰 도로.

내 마음의 노시인

일상一常선생* 심방心房에는 시 나무가 사나 보다
온 몸이 다 휘도록 온갖 말 글 품어 안고
무시로 서정의 꽃을 몽글하게 피운다

눈서리 찬바람을 묵묵히 견디면서
봄이면 고목에도 화색 풀색 돌아오듯
여든 해 굳은 펜 혹이 차돌보다 단단하다

무심한 돌에게도 숨결을 불어 넣어
순직한 마음으로 별빛을 나누면서
뭉클한 감동을 쪼는 새소리도 구성지다

*2021년 11월 28일 소천하신 고故 김광수 시인

DMZ, 하늘을 품다

지뢰

철조망 가득 메운 색색의 리본들이
산나물 뜯으려다 하늘로 날아오른
두 여인 설운 넋두리 흐느끼며 전한다

운무 낀 산허리에 온종일 걸터앉아
두 산하 바라보며 몸을 떠는 비둘기가
가을비 젖은 날개를 지뢰밭에 털고 있다

펀치볼(PunchBowl)

핏빛 땅 고르면서 주운 탄피 두 가마니
수만의 젊은 꽃잎 펀치볼에 뉘어 두고
노병老兵은 목발을 짚고 둘레 길을 서성인다

고봉高峰에 안겨있는 둥그런 화채 그릇
주름진 한나절이 똬리를 틀고 앉아
아들이 숨 멎은 곳에서 가슴치며 울고 있다

철원 평야

현무암, 풍화토에 비단이불 깔리던 날
두루미 선발대가 새하얗게 다녀가면
하늘을 뒤덮는 소리 왕궁의 꽃놀이다

한겨울 모인 식구 수백만 넘쳐나도
이념의 편 가름도 돌팔매도 없는 마을
철선鐵線이 동여맨 장벽 철새들이 헐고 있다

노동당사

뼈만 남은 건물 한 채 유령처럼 서 있는 곳
서슬 퍼런 고함소리 어느결에 스러지고
확성기 노랫소리만 암구호로 울려온다

죽창을 깎아 들던 그 날의 긴긴 행렬
전사戰死들 기다리다 밤을 잃은 아낙네들
'어머니' 외마디 비명 환청으로 듣는다

한강 하구

연꽃이 드물게 핀 널따란 늪지 안에
고라니 한 마리가 도강을 시도한다
그 무슨 특수임무를 명받은 건 아닐까

사는 게 한恨이라며 종종대던 뻐꾸기는
여름내 발품 팔며 호구조사 마쳤는지
건너편 멧새 둥지에 탁란托卵하러 가고 있다

3부 세 시 삼십 분

세 시 삼십 분

희뿌연 하늘 한 켠 홀로 누운 조각달이
부르면 금세라도 내게로 올 것 같아
그 자리 꼿꼿이 서서 밤이 오길 기다린다

창백하고 야윈 몸피 말없이 바라보다
생각의 여울에서 화들짝 깨어날 때
둥글게 몸을 편 낮달이 나를 보며 웃는다

존엄사를 위하여

사나흘 더 숨 쉰들 결말이 달라질까

가닥가닥 엉켜있는 죽은 뇌 속 거미줄들

억지로 붙잡는다고 풀어질 리 없으니

개펄에서

물길 막힌 개펄 위로 땅거미 내려온다

긴 부리 도요새가 발자국 찍을 동안

맛 조개 혀를 빼물고 까치놀을 핥는다

게와 아이들
　　-이중섭을 생각하며

치솟는 보고픔에 바닷가 서성일 때
두 뺨을 때리듯이 빗방울이 내리치고
가위손 게의 이빨이 가슴골을 헤집는다

낯익은 살 내음을 진종일 킁킁대며
은지銀紙에 손톱으로 아이들을 불러내면
서귀포 불면의 밤이 잿빛으로 익어간다

휘어이 둘러봐도 태현, 태성 간데없고
질척이는 파도소리 두 귀를 갉아대면
그림에 돛배를 띄워 현해탄을 건넌다

접지接地
-earthing

태초로 돌아가서 맨발로 흙을 밟는다

발바닥 세포마다 깨어나는 작은 우주

하늘과 땅을 잇는다, 순례하듯 답청하듯

나비의 시

간이 배 짭쪼름한 검지와 중지 사이

쑥향 물든 꽃 이야기 줄지어 피어나면

내 속에 나비 한 마리 시를 물고 날아간다

바람에게 들어라

산비둘기 구구 우는 홀로 된 그 봄날에

긴 세월 구석빼기 접어 둔 얘기 하나

끝끝내 전할 길 없어 바람에게 건넨다

인연의 끝

아는 듯 모르는 듯 어떤 까닭 있나보다

시간을 뒤흔들며 쌓이는 숨가쁨에

섭리를 바라보면서 멍든 가슴 쓸고 있다

화장장에서

삼베에 꽁꽁 묶여 한 생을 접는 시간

시뻘건 화롯불에 남은 미련 다 사르고

사람아, 한 줌의 재로 강을 건넌 사람아

이 겨울의 탱고

주름을 접고 펴는 반도네온 가락 앞에

중저음 울음소리 스타카토 쏟아내면

가슴에 흐르는 강물 춤사위로 돌고 돈다

촛불 앞에서

눅눅한 마음들이 불꽃으로 타오른다

흐르는 눈물마저 연기로 날려버린

먼 행성 어린왕자의 기도인 듯 노래인 듯

월광 소나타

진통하는 어스름을 털어내는 만삭의 달

사리 밀물 범람하듯 금빛 양수 툭, 터지면

동여맨 치마끈 풀고 에로스를 낳는다

죽어서 하나 되다
-영화 '타이타닉'

바다에서 맺은 인연 어디서 온 것일까
얼음물 속 가라앉는 그 얼굴 보듬으며
검질긴 뜨거움으로 지탱하는 두 몫의 삶

우리가 톺아 본 건 사람인가, 사랑인가
죽어서 하나 되는 전설 같은 이야기가
남루한 세상을 돌아 스크린에 아롱진다

이방인의 집

이방인 푸른 눈에 이슬이 맺혔을까

그날의 함성 소리 하늘과 땅 울려올 때

딜쿠샤* 앞마당에도 태극 물결 출렁였지

* 3·1운동 독립선언서를 처음 외신으로 보도한 미국인 앨버트 테일러 부부가 살던 집. 2017년 국가등록문화재 687호로 지정, 2021년 3월에 복원, 시민들에게 개방됨.

밤을 깁다

잠 설친 숱한 밤들 조각조각 그러모아

덧대고 이어 붙여 이불 한 채 짓고 있다

어둠 속 바늘땀마다 동살 훤히 비친다

4월에

겨우내 똬리 튼 맘 기지개 켠 4월 아침

포실한 살 내음에 합장하듯 빗장 풀면

명자꽃 맨발로 와서 휘감는다, 오늘을

가을, 그리운

볕 좋은 뒤뜰 한쪽 벌어 터진 붉은 석류
얼마나 사무치면 앙가슴이 저리 될까
자줏빛 눈시울마다 눈물 그렁 맺힌다

초록만 남겨둔 채 떠난 계절 불러내듯
만 갈래 시름 가지 빈 하늘 찔러대고
돌담 위 잠자리 한 마리 사색만이 깊어간다

물옥잠 궁宮

보랏빛 꽃대궁엔 요정이 살고 있나

초록 잎 빼곡하게 성곽처럼 둘러놓고

잔물결 희유곡嬉遊曲*타는 동화나라 거기 있다

*18세기 후반 유럽에서 성행하던 귀족들의 무도곡.

갯배에서

몸 풀린 봄 바다에 은갈치 떼 파닥인다

안개를 걷는 산봉山峯 물위로 솟아날 쯤

바람 탄 갯배에 올라 그물 한 번 던져 볼까

꽃매미

날지는 못하면서 뜀박질은 잘도 하네

노래는 잃었어도 반짝이 옷 차려 입고

오늘도 우화羽化를 꿈꾸며 가죽나무 파고든다

시조 세계화 유감

꼬부랑 글자로도
시조를 짓는단다

말 밖의 말 뜻 밖의 뜻
속정은 또 어찌 전할까

한글로 영시를 본다
네 갓 내 갓 오 마이 갓

4부 뉴욕 5번가

뉴욕 5번가

맨해튼 가득 메운 낯선 말, 다른 얼굴

바벨탑 쌓느라고 저마다 분주한데

말마디 섞지 못해도 짓는 웃음 만국어萬國語다

뉴저지 어디쯤에서

하늘빛에 넋이 나가 파랗게 젖는 아침

대서양 바람에 씻겨 말캉한 시간들이

내 몸속 실핏줄들을 하나하나 깨운다

부모님 묘역에서

흰 구름 흘러가다 잠깐 멈춘 그 자리에
주름진 몸피 두른 아름드리 느티나무
넓은 품 한껏 펼치며 보호수로 서 있다

땡볕에 그을릴까 씌워주는 그늘 양산
푸른 꿈 잃지 말라 초록을 덧칠하며
저무는 막내딸의 봄을 온몸으로 막고 있다

*뉴욕 롱아일랜드의 파인 란 메모리얼 파크에 있는 부모님 묘소를 오랜 만에(2023.5.6) 찾아뵈었다.

메릴랜드의 크랩

상 위에 수북하다 바다에서 건진 성찬

망치로 두들겨도 순순히 몸 바치는

어미 게 붉은 갑옷이 용왕인 양 거룩하다

밥 딜런*에게

바람 줄기 품어 안고 숱한 밤 뒤척이다

옛 얘기 한데 모아 목젖 붓게 토해 낸다

당신의 노랫말 앞에 절규하는 백조처럼

*Bob Dylan. 2016년 노벨문학상을 수상한 싱어 송 라이터.

십자가 아래

잉걸불에 가슴을 덴 잿빛의 짐승 한 마리

비바람에 부대끼며 낮은 데로 구르다가

풍화할 그날을 위해 신의 손을 잡는다

카레이스키 환상곡

주름진 다갈색 뺨 아흔 살 할머니가
투명한 유리잔을 두 손으로 감싸 쥔다
보드카 홀짝이던 밤 그 날 다시 떠올리며

보따리에 지고 왔던 아픔을 싸둔 채로
움막 같은 집을 짓고 눌러앉은 저 황무지
강 진펄 갈밭 수렁을 옥답으로 일궈냈다

찬바람 이는 눈길 느닷없이 맞은 이별
긴긴날 울고 웃다 마침내 잠든 그곳
알마티* 돌비석 위에 아리랑을 새긴다

춥고도 깜깜한 밤 꽃 피는 봄을 그려
광야가 불러주는 별의 노래 듣고 있다
그 노래 초원을 돌아 반도 하늘 찾아가네

*카자흐스탄(Kazakhstan)공화국의 옛 수도

태양의 눈물

잿빛의 구름들이 온 하늘 가득하다
눈물짓는 제 모습을 보여주지 않으려고
먹구름 불러 모아서 얼굴을 가린 걸까

아마존 정글이나 태평양 물 속까지
언제나 같은 세기 빛을 뿌려 주더니만
쓰레기 몸살을 앓나, 그늘만 드리운다

허드슨 강 가에 서면

고요를 밀고 가는 풀빛 강 둔치에서
물새가 물어다 준 옛일 한 톨 그러안고
짙푸른 수면을 향해 토해낸다, 그 얘기

물이랑 골골마다 들어앉은 사연들이
바람에 출렁이다 어디론가 흩어지고
또 다른 이야기들이 실려 온다, 뿌옇게

가을엔 샹송을

똬리 튼 얘기들이 낙엽처럼 익어 간다

떨구는 잎새 따라 소리 가락 출렁이면

내 심장 가을을 닮아 너에게로 날아간다

겨울 나목

빛바랜 들판 끝에 서 있는 내 어머니
살갗이 해지도록 옛 기억 품어 안고
떠나간 살붙이들을 먼발치로 바라본다

새 물옷 차려 입을 봄맞이로 설레다가
땅속까지 은밀하게 기별 하나 보내놓고
어디쯤 봄이 오는지 해의 맥박 재고 있다

나야, 나

색과 향이 빠져버린 시드는 풀꽃 같다

희미하게 비쳐 뵈는 동공 속 저 눈부처

낯선 듯 낯익은 듯이 거기 있다, 내 모습

넋의 노래

강, 바다 울숲 두른 맨해튼 한 복판에
수십만 시민들이 줄 지어 꽃 바친다
화염 속 쌍둥이 빌딩 무너지던 그 자리

섬 속의 섬이 된 듯 그라운드 제로*에는
산 자의 눈물방울 폭포수로 흘러내려
사무친 넋의 노래가 옛 기억을 헤집는다

*폭발이 발생한 폭심지, 폭격 지점 등을 의미함.

눈물의 폭포
-9.11 메모리얼 파크*에서

'사이먼' 이름 위에 흰 국화 놓여 있다
누군가 두고 갔을 추모의 꽃 한 송이
오늘이 생일이구나, 영원히 기억할게

두 분수 심연으로 떨어지는 물소리는
그들의 눈물인지, 끊지 못한 곡소린지
어슬이 에워싼 나무 혼魂과 백魄을 다독인다

어둠이 깔릴 때면 밀려드는 짙은 적요
아직도 못 떠나고 똬리 튼 슬픔들이
부활을 노래하면서 또 하루를 끌고 간다

*9.11 테러 희생자 추모공원.

눈발이 되어

소복이 쌓이는 눈 온 세상을 표백한다

그 곁에 함께 서서 눈발에 뺨 내주며

어둡고 그늘진 마음 하얘지고 싶어라

달 없는 밤

단비 흠뻑 뿌려지면 내 맘도 함께 젖어

한 움큼 그리움이 비집고 들어오면

흩어져 갈래진 시름 사포질로 마름한다

생존나무*

주검이 사태진 땅 홀로 남은 나무 하나
스러지는 삼천 숨결 생생히 지켜보며
온 몸이 찢기고 그을려도 살아남아 있구나

주사바늘 꽂은 채로 병상일기 십 년 만에
제자리 돌아와서 증언하는 그날 참화
속울음 몰래 삼키며 우러른다, 뭇별을

*9.11 테러 당시 세계무역센터에서 유일하게 살아남은 나무.

날다, BTS*

일곱 개 별이 뭉쳐 일으키는 회리바람
휘적이는 몸짓 앞에 국경의 둑 무너진다
드높은 한류의 물결 일어난다, 새날 아침

영고迎鼓동맹東盟 무천舞天에서 잉태된 흥의 나라
하늘 땅 맞닿은 곳 박수 소리 드높이며
아이돌 방탄소년단 무궁화로 피었다

*Bang Tan Sonyeondan(방탄소년단)을 줄여서 쓴 말. 2013년에 데뷔한 대한민국의 7인조 보이그룹이다. 전 세계적으로 열풍을 일으키며 '21세기 팝 아이콘'으로 불린다.

가을 억새

여명의 카펫 위에 은빛 무대 막을 열면

조명이 밝을수록 황금 옷 자랑하다

해질녘 가을 물빛으로 음전해진 저 숙녀

위대하다, K클래식
-반 클라이번 콩쿠르 우승, 임윤찬

세계를 휘저었다, 섬섬옥수 열 손가락

건반 위 질주 하는 초절기교* 현란하다

박수가 말을 삼켰다, 하늘땅도 기립했다

*프란츠 리스트(Franz Liszt)의 피아노 연주 테크닉을 집대성한 12곡의 연습곡.

5부 울란바타르, 메모 하나

울란바타르*, 메모 하나

희부연 유리창에 달빛이 걸려있다

시나브로 잦아드는 길고 긴 입맞춤 여운

깍지 낀 서로의 손에 옛 신화가 깨어난다

*몽골의 수도. 붉은 영웅이란 뜻

구름, 털갈이하다

구름의 얼굴에도 나룻이 자라날까
몽글게 털이 뭉친 양떼구름 새털구름
바람의 손짓을 따라 터럭들이 날린다

한 굽이 돌아들면 뭉텅 빠진 몸의 털들
한 올 한 올 버릴수록 몸은 더 가붓해져
깜깜한 터널을 나와 창공을 훨훨 난다

속절없이 붙잡고서 놔주지 못한 것들
봄으로 가는 길목, 찌든 때 남루 벗듯
내 몸도 구름이 되어 털갈이나 하고 싶다

게르*에서 별 줍기

푸르러 더 차가운 밤별 하나 내려오면

나는 또 그 빛 쫓아 초원을 내달린다

빛 속에 불이 없어도 작은 가슴 뜨겁다

*몽골 유목민의 이동식 원형 집.

마두금馬頭琴*

초원을 불러낸다, 심줄 같은 두 줄 현絃이

갈기 푼 구름들은 떼를 지어 달려오고

오래된 말발굽 소리 대륙의 혼 깨운다

*몽골의 전통 악기. 몽골어로 '머릉호르' 2003년에 '마두금 전통음악'이 유네스코 문화유산에 지정, 2008년에 등재되었다.

내게 묻다 · 2

먼 훗날 내 살덩이 밀알처럼 썩어질까?

순순히 뭇 생령生靈을 일으키는 거름될까?

산자여, 기지개 켜는 봄 품을 날 언제인가?

마유주馬乳酒

하늘의 선물일까, 대륙의 유산일까

신화와 전설들이 금빛으로 발효될 때

초원은 어머니처럼 말갈기를 쓸어 준다

두 개의 슬픈 선율

수려한 겉모습의 숫사슴 걷고 있다
적들이 둘러싸고 수런대며 희짓다가
모질고 긴긴밤 내내 된 발톱에 찢긴다

들판에 퍼져 나는 울음소리 먹먹해도
휘모는 칼바람에 깃 세워 마주 서서
어미는 새끼를 품고 제 살점을 떼 먹인다

몽골에서 서울을 만나다

홍대 입구 먹자골목 어디선가 본 듯하다

하늘을 덮은 구름 술잔에 떨어질 때

시큼한 아이락* 향기 몽골 초원 불러낸다

*말젖을 발효시켜 만든 몽골의 전통술. 마유주라고도 한다.

실낙원
-카슈미르 고원에서

이명처럼 울려오던 피리 소리 그친 저녁
타다 만 들불 연기 어디론가 스러지고
차갑게 빛나는 별들 옹알이를 하고 있다

호리병에 담아 놓은 기억을 못 꺼낸 채
빈손으로 돌아서는 한 무리 사내들은
검질긴 들풀만 같은 아이들을 다독인다

대답 없는 기도 소리 총칼에 찢기우고
핏물 든 까치놀이 또 하루를 밀고 가도
밤 깊은 카슈미르의 새 아침은 아직 멀다

칭기즈칸처럼
-동상 앞에서

칭기즈칸 호령 같은 바람소리 일어난다

태양을 향해 서라, 옹골차게 외쳐대면

내 안의 푸른 핏줄이 산맥처럼 펄떡인다

칸*의 노래

아침에 눈을 뜨면 내 뺨을 감싸 안고
해질녘 노을 걷어 어깨에 둘러주네
가슴에 주단을 깔고 맞이하는 너의 노래

귓볼을 간질이는 중저음의 목소리에
잊혀진 옛 이야기 풀꽃마다 피어나고
그 노래 행진곡 되어 너른 초원 채운다

*칸(Khan): 황제, 영웅

테를지*의 별밭

시린 밤 울려오는 은빛 선율 청청하다

두 귀를 젖혀 봐도 들을 수 없는 노래

하늘을 타고 올라가 별로 함께 뜨고 싶다

*몽골의 관광지

톨 강гл*을 보며

들판 위 숨탄것들 젖 물려 다독이고

초록이불 넓게 펴서 낮잠도 재워주며

푸르른 대륙의 동맥 초원 위를 흐른다

*몽골의 초원 사이를 가로지르는 긴 강.

방하放下의 풀꽃

탐욕의 몸짓들이 바람 앞에 숨죽이다

주인 없는 땅에 선 듯 헛헛한 가슴으로

한 송이 꽃을 피운다, 허공 한 뼘 내려놓고

별리別離

눅눅해진 가을 볕살 추적추적 내리는 날

끝이 굽은 네 어깨가 가녀리게 떨고 있다

버들이 긴 머리카락 풀어헤친 배경 앞에

술래잡기

산머리 휘감고 선 구름이 술렁인다

스스로 술래가 된 들판이 쫓아간다

둘이서 맞잡은 손이 하늘과 땅 잇는다

연인의 시간

주고받는 눈빛 속에 온기가 피어난다
숨겨왔던 속엣말들 말없이 쏟아내면
둥글게 깍지 낀 두 손 저 태양을 닮아 있다

가만히 귀를 대면 울려오는 심장박동
서로를 어루만지는 숨소리 높아갈 때
하늘도 창문을 닫고 눈을 질끈 감는다

겨울 미뉴엣

나목에 피어나는 눈꽃에 다가서면

여인의 발소리가 고요를 두드린다

언 땅을 뚫고 오르며 문을 여는 봄의 소리

계곡은 내게

얼음 빛 물무늬를 일으키는 날선 바람
바위 틈 개여울로 버들치 떼 몰고 있다
숨가쁜 이야기들이 조약돌에 얼비친다

부딪고 넘어져도 갈 길이사 가야 한다
때로는 돌아가고 이따금 새 길 여는
산행 길 푸른 물소리가 지친 나를 깨운다

■ 해설

삶의 근원적 질문에 대한 탐색과 문학적 성찰
-최은희 시조집 『신논현역 7번 출구』의 시 세계

김태균(시인)

1. 여는 말

최은희 시인의 세 번째 시조집 『신논현역 7번 출구』에 접근하면서 최은희 시인이 물려받은 문학적 유산을 살펴보는 것은 그의 시 세계를 이해하는 데 깊이와 폭을 더하는 데 중요한 과정이 되리라 믿는다. 최은희 시인의 선친, 최태응 작가는 『바보 용칠이』를 포함한 다수의 작품을 통해 인간의 본성과 사회적 모순을 심도 깊게 다룬 작가로 널리 알려져 있다. 최태응 작가는 인간주의 문학의 선구자로서 이태준, 채만식과 같은 시대의 영향력 있는 작가들과 교류하며 한국 문학에 깊은 족적을 남긴 작가이다. 그의 문학은 인간 심연의 세심한 탐색과 사회적 현실에 대한 예리한 관찰을 통해 전개되었다. 이러한 문학적 접근은 최은희 시인의 시조에서도 그 연속성을 찾아볼 수 있으며, 특히 시조라는 독특한 형식을 통해 선대로부터 이어받은 문학적 탐구를 현대적 맥락에서 재해석하고 있다.

최은희 시인의 작품을 통해 그가 아버지의 문학적 특성을 어떻게 재구성하고 확장하고 있는지 살펴보는 것은 매우 흥미로운 탐구 과정이다. 그는 자연의 미세한 변화부터 역사의 굵직한 사건에 이르기까지 인간 삶의 다양한 측면을 포착하고, 이를 통해 복잡한 인간 감정과 정신적 성찰을 깊이 있게 탐구한다. 이 과정에서 최은희 시인은 부친으로부터 물려받은 문학적 정신을 현대 시조의 언어와 상징으로 변환하며, 이를 통해 독자들에게 새로운 문학적 경험을 제공한다.

최은희 시인은 시조의 전통적인 형식을 유지하면서도 현대적 주제와 감성을 섬세하게 녹여내는 실험을 지속하고 있다. 이는 전통적 시조의 틀 안에서 현대인의 삶과 정서를 탐구하는 시적 모색의 결과로, 문학적 전통과 혁신 사이의 긴장을 통해 풍부한 의미와 아름다움을 창조해내고 있다. 그의 시 세계에 대한 평가는 단순히 그의 문학적 성취뿐만 아니라, 한 세대에서 다음 세대로 이어지는 문학적 대화와 유산의 전달이 어떻게 문학의 새로운 가능성을 열어가는지를 보여주는 사례로 볼 수 있다. 이러한 맥락에서 최은희의 시조집은 그가 물려받은 문학적 유산을 바탕으로 자신만의 독특한 문학적 세계를 구축하며 현대 문학의 지평을 넓히는 중요한 작업으로 평가될 수 있다.

  최은희 시인의 시적 업적은 단지 그의 문학적 업적에 국한되지 않고, 문학적 대화와 유산의 지속적인 전달을 통해 문학의 새로운 가능성을 모색하고 있다. 그는 가톨릭대학교 음대 성악과를 졸업하고 미국에서 음악 교육을 수료하면서 다양한 예술 분야에서 활동해 온 다재다능한 예술가다. 합창지휘를 사사받은 경험을 비롯하여 중등학교 교사, 경기도 여성회관 강좌 외래 강사 등 다양한 역할을 수행하며 문학계에서도 활발한 활동을 펼치고 있다. 한국시조협회 부이사장, 한국문인협회, 국제펜 한국본부 회원 등으로 활동하면서 문학적 업적을 인정받아 한국시조협회 문학상 본상 대상, 일두시조문학상 금상 등을 수상하였다. 그의 시조집으로는 『흐미 초원의 노래』, 『어우동 스캔들』 등이 있으며, 이를 통해 그의 깊은 문학적 성찰과 예술적 표현력을 엿볼 수 있다.

2. 다양성과 연결성의 교차점에서 펼치는 시적 대화

  최은희 시인의 『신논현역 7번 출구』는 다양한 문화적 배경과 지리적 공간을 넘나들며, 인간의 내면적 감정과 외면적 세계 사이의 상호작용을 탐구한다. 최은희 시인의 일련의 시조는 다양성과 연결성이라는 주제를 통해 시인의 깊은 문화적 통찰과 인간에 대한 성찰을 드러내고 있다.

맨해튼 가득 메운 낯선 말, 다른 얼굴

바벨탑 쌓느라고 저마다 분주한데

말마디 섞지 못해도 짓는 웃음 만국어萬國語다
- 「뉴욕 5번가」 전문

「뉴욕 5번가」는 뉴욕이라는 메트로폴리스의 다양성을 생생하게 포착하고 있다. 시조에서는 "맨해튼 가득 메운 낯선 말, 다른 얼굴"이라는 구절로 시작해, 바벨탑을 연상시키는 언어의 혼란과 문화적 다양성을 효과적으로 묘사한다. 그러나 이러한 혼돈 속에서도 "말마디 섞지 못해도 짓는 웃음 만국어"라는 표현을 통해 공통된 인간성과 보편적 감정의 연결 고리를 강조한다. 이 시조는 글로벌화된 도시 공간에서의 개인적 체험과 집단적 경험 사이의 긴장을 조명하며, 문화적 차이를 넘어서는 인간적 유대감을 시적으로 탐색한다.

희부연 유리창에 달빛이 걸려있다

시나브로 잦아드는 길고 긴 입맞춤 여운

깍지 낀 서로의 손에 옛 신화가 깨어난다
- 「울란바타르, 메모 하나」 전문

「울란바타르, 메모 하나」는 몽골의 수도 울란바타르를

배경으로, 고대 신화와 현대의 만남을 서정적으로 그린다. "희부연 유리창에 달빛이 걸려있다"는 초장은 신화적 이미지와 현대적 이미지의 접목을 시사하며, "깍지 낀 서로의 손에 옛 신화가 깨어난다"는 종장으로 클라이맥스에 이른다. 이 시조는 시간과 공간을 초월한 연결성을 통해, 문화적 정체성의 지속과 변화를 섬세하게 탐구한다.

  홍대 입구 먹자골목 어디선가 본 듯하다

  하늘을 덮은 구름 술잔에 떨어질 때

  시큼한 아이락 향기 몽골 초원 불러낸다
          -「몽골에서 서울을 만나다」 전문

「몽골에서 서울을 만나다」는 서울의 홍대 입구와 몽골의 초원을 연결짓는 시적 상상력을 통해, 지리적 경계를 넘는 문화적 교류의 가능성을 탐색한다. "하늘을 덮은 구름 술잔에 떨어질 때"와 같은 이미지는 동시에 몽골과 한국의 자연을 연상시키며, 두 지역 사이의 유사성과 연결성을 강조한다. 이 시조는 문화적 다양성을 기반으로 한 교감과 이해의 중요성을 부각시키며, 서로 다른 문화 간의 소통과 공감을 촉진하는 시적 메시지를 전달한다. 이 외에도 여러 시편에서 다양성과 연결성의 주제를 다루는 시적 표현을 살펴볼 수 있다.

"콤콤한 헌책 냄새 발길을 잡아끈다 / 못다 한 이야기가 그늘에 들어 앉아"(보수동 책방골목) 이 구절은 다양한 이야기와 사상이 모여 있는 책방 골목을 통해 문화적 다양성과 지식의 연결성을 탐색한다. "열매를 따던 일은 한여름 꿈이었나 / 눈 들면 울긋불긋 세상은 눈부신데" (개미의 가을 엽서) 계절의 변화와 그 속에서의 자연의 다채로움을 통해, 시간과 자연의 변화 속에서도 지속되는 아름다움과 다양성을 보여준다. "뻘밭을 뒹굴어도 잊지 못 할 이름 있다 / 얄팍한 가슴팍에 박혀 있는 대못 하나" (너에게 난) 이 구절은 인간 관계의 복잡성과 깊이를 강조하며, 각기 다른 인생의 경험이 어떻게 개인의 감정과 기억에 깊게 새겨지는지를 드러낸다.

이들 예시는 모두 다양성과 연결성이라는 주제를 다루면서, 각기 다른 배경과 상황에서 인간 경험의 공통된 감정적, 지적 연결고리를 탐구하고 있다. 각 구절은 최은희 시인의 섬세한 관찰과 표현을 통해, 문화적, 자연적, 인간적 다양성을 깊이 있게 조명하고 있다.

이처럼 최은희 시인의 시조집이 일상의 경계를 넘어서는 순간을 어떻게 포착하고 있는가를 보여주며, 독자에게 일상 속 순간이 지닌 깊은 의미와 가치를 재인식하게 한다. 시인의 섬세한 감성과 깊은 성찰은 이러한 작품들을 통해 일상과 초월성이 어떻게 서로를 교차하며 새로운 시각과 감정을 창출하는지를 탐구하며, 인간 존재의 다면성을 풍부하게 드러낸다.

문화적 다양성과 인간의 보편적 연결성이라는 주제를 통해 최은희 시인의 문학적 깊이와 섬세한 감성을 보여준다. 글로벌 시대의 도전과 기회를 시적 언어로 풀어내며, 문화적 경계를 넘어서는 깊은 공감과 성찰의 기회를 제공한다. 이를 통해 최은희 시인은 현대 사회의 복잡성을 풍부하게 그리는 동시에, 인간과 문화의 소중한 만남을 예술적으로 조명한다.

3. 일상의 초월: 순간에서 영원으로

최은희 시인의 시조집 『신논현역 7번 출구』는 일상 속 깊숙이 자리 잡은 초월적 경험과 그것이 인간의 삶에 미치는 영향을 탐구한다. 특히 「접요일」, 「골든타임」, 「밤을 깁다」라는 작품들은 일상의 틀을 넘어서는 순간을 포착하며, 시적 상상력으로 일상과 초월성의 교차를 세밀하게 그려낸다.

흰 나비 비틀대며 건릉에 날아든다

꽃 지는 이 가을에 격쟁擊錚을 하는 건지

날개를 접었다 폈다 온 몸으로 징을 친다.
　　　　　　　　　　　　　－「접요일」전문

「접요일」은 일상적인 환경 속에서 자연이 지닌 비범한 아름다움을 감지하는 순간을 포착한다. 시는 융건릉에 나비가 비틀대며 날아드는 모습을 통해 자연의 섬세한 움직임과 그 속에서 발견된 순간의 마법 같은 변화를 드러낸다. 이는 일상에서 우연히 마주친 자연의 순간이 어떻게 시적 영감을 제공하며, 인간의 내면에 깊은 영향을 미치는지를 보여준다. 나비의 움직임은 일상 속에서 한순간 고요를 깨고 초월적 아름다움을 선사하며, 이는 시인에게 삶의 근원적인 진실을 탐색할 기회를 제공한다.

> 살얼음판 까치발로 비척대는 순간순간
>
> 내 안에 금 가는 소리 깊고 넓게 퍼질 즈음
>
> 그의 손 벼릿줄 되어 끌어주네, 내 삶을
> 　　　　　　　　　　　　　－「골든타임」 전문

「골든타임」은 긴급 상황을 다루면서, 존재의 한계와 그 순간에 드러나는 인간성의 극적인 면모를 탐구한다. 이 시조는 삶의 위기 앞에서 시간이 어떻게 인간의 운명을 결정짓는지를 심오하게 다룬다. "살얼음판 까치발로 비척대는 순간순간"이라는 표현은 생사의 경계에서 느껴지는 긴박함과 급박한 결정의 순간을 강조한다. 이를 통해 시인은 인간 존재의 본질적인 취약성과 동시에 그 속에서 드러나는 강인함을 탐색하며, '골든타임'이라는 의학적 개념을 통해 삶과 죽음 사이의 얇은 선을 시적으로 조명한다.

> 잠 설친 숱한 밤들 조각조각 그러모아
>
> 덧대고 이어 붙여 이불 한 채 짓고 있다
>
> 어둠 속 바늘 땀마다 동살 훤히 비친다
> ―「밤을 깁다」 전문

「밤을 깁다」는 잠 못 이루는 밤을 통해 일상의 고단함과 그 속에서 찾아내는 심리적, 영적 안식의 순간을 그린다. 이 시조는 밤새도록 이어지는 불면의 순간을 "조각조각 그러모아 / 덧대고 이어 붙여 이불 한 채 짓고 있다"고 묘사함으로써, 일상의 고단함을 하나의 작품으로 재창조하는 과정을 상징적으로 표현한다. 이러한 표현은 밤을 통해 일상에서 벗어나 근원적인 자아와 마주하는 시간을 제공함으로써, 일상 속에서도 초월적인 성찰의 기회를 발견할 수 있음을 시사한다.

"희뿌연 하늘 한 켠 홀로 누운 조각달이 / 부르면 금세라도 내게로 올 것 같아"(세 시 삼십 분) 이 구절은 달과의 친밀한 대화를 통해 일상의 순간에서 느낄 수 있는 초월적인 경험을 시적 미학으로 풀어낸다. "겹겹이 깔린 고요 숨소리도 잦아들 즈음 / 땅거미 그림자 뒤로 걸어온다, 겨울이"(입동, 저녁) 계절의 변화를 통해 자연의 위대함과 인간의 경험 사이에서 발생하는 초월적 순간을 서정적으로 묘사한다. "진통하는 어스름을 털어내는 만삭의 달 / 사리 밀물 범람하듯 금빛 양수 툭, 터지면" (월광 소나타) 이 구절은 자연 현상인 달의 변화를 인간의 출산 과정에 비유하며, 일상과 자연의 경계에서 발생하는 초월적인 순간을 강조한다.

이상에서 살펴본 시조들은 최은희 시인이 일상의 순간을 통해 어떻게 초월적인 경험을 시적으로 탐구하는지를 보여준다. 각 작품은 일상의 공간과 순간 속에서 감각적이고 감성적인 경험을 포착하며, 이를 통해 삶의 깊이와 너비를 확장시키고 있음을 확인할 수 있다.

4. 자연과 인간의 교감: 시적 상상력으로 재해석된 생태적 조화

최은희 시인의 시조집의 또다른 주제는 자연과 인간의 상호작용을 깊이 있고 다층적으로 탐구한다. 최은희 시인의 시조들은 자연의 세밀한 현상과 인간의 감정이 어떻게 서로 교차하며 새로운 의미를 생성하는지를 섬세하게 그린다.

푸르러 더 차가운 밤별 하나 내려오면

나는 또 그 빛 쫓아 초원을 내달린다

빛 속에 불이 없어도 작은 가슴 뜨겁다

–「게르에서 별 줍기」 전문

 「게르에서 별 줍기」는 몽골의 탁 트인 초원에서 밤하늘의 별을 바라보는 순간을 포착하며, 그 경험을 통해 인간의 내면 깊숙이 자리 잡은 욕망과 꿈을 시적 언어로 드러낸다. 이 시조에서 별은 단순히 천체가 아니라 인간이 끊임없이 추구하는 이상과 아름다움의 상징으로 재현된다. "푸르러 더 차가운 밤별 하나 내려오면 / 나는 또 그 빛 쫓아 초원을 내달린다"는 구절에서는 별빛을 쫓는 행위가 인간의 내면적 갈망을 상징하며, 자연 속에서 경험하는 순간의 자유와 해방감을 강조한다.

> 한 굽이 돌아들면 뭉텅 빠진 몸의 털들
> 한 올 한 올 버릴수록 몸은 더 가붓해져
> 깜깜한 터널을 나와 창공을 훨훨 난다
> –「구름, 털갈이하다」 둘째 수

 「구름, 털갈이하다」는 구름의 변화 과정을 통해 인간 자신의 변화와 성장을 은유적으로 다룬다. 이 시조에서 구름은 변덕스럽고 끊임없이 변화하는 자연의 한 요소로서, 인간의 삶에 대한 깊은 반성과 자기 성찰의 기회를 제공한다. "한 굽이 돌아들면 뭉텅 빠진 몸의 털들 / 한 올 한 올 버릴수록 몸은 더 가붓해진다"는 구절은 인간이 경험하는 심리적, 정서적 변화를 자연 현상과 연결지어 표현하며, 이를 통해 자연과 인간 사이의 본질적 연결고리를 탐색한다.

산비둘기 구구 우는 홀로 된 그 봄날에

긴 세월 구석빼기 접어 둔 얘기 하나

끝끝내 전할 길 없어 바람에게 건넨다
　　　　　　　　－「바람에게 들어라」 전문

「바람에게 들어라」는 바람이라는 자연 현상을 통해 인간의 고독과 치유를 탐구한다. 이 시조에서 바람은 고독한 인간의 내면과 대화하는 매개체로 기능하며, "산비둘기 구구 우는 홀로 된 그 봄날에 / 긴 세월 구석빼기 접어 둔 얘기 하나"와 같은 구절들은 과거의 기억과 현재의 감정이 어떻게 자연을 통해 표현되고 해소되는지를 보여준다. 이 시조는 바람과 같은 자연 요소가 인간의 심리적 공간에 어떻게 작용하며, 이를 통해 어떻게 내면의 평화를 찾을 수 있는지를 시적으로 탐구한다.

이상에서 살펴본 세 시조 외에도 자연과 인간의 상호작용을 통해 인간의 내면 깊숙이 자리 잡은 감정과 사유의 과정을 탐색하는 작품들이 있다. "갈대꽃도 머리가 센 입동 무렵 노을 너머 / 겹겹이 깔린 고요 숨소리도 잦아들 즈음"(입동, 저녁) 이 구절은 계절의 변화와 그 시점에서 느껴지는 자연의 조용함을 통해, 자연이 인간의 감정과 어떻게 상호작용하는지를 시적 기법으로 서술한다. "내 안에 내리는 비는 고이기만 하는구나 / 몇 번의 절망을 더 넘어서야 끝이 날까" (피에타) 자연 현상인 비가 내리는 것을 인간의 내면적 고통과 연결짓는 이 구절은, 자연의 이미지를 통해 인간의 감정 상태를 깊이 있게 탐구한다.

최은희 시인은 자연 현상을 통해 인간 존재의 다면성을 탐구하며, 이를 통해 인간과 자연이 어떻게 서로를 반영하고 영향을 주는지를 깊이 있게 조명한다. 이러한 작품들은 독자들에게 자연을 새로운 시각으로 바라보게 하며, 자연과의 깊은 연결을 통해 인간 내면의 성찰과 치유의 가능성을 열어준다.

5. 시간과 기억의 교차로에서: 과거와 현재의 상호작용

최은희 시인의 시조집 『신논현역 7번 출구』는 시간과 기억이라는 주제를 통해 개인적인 경험과 역사적 사건이 어떻게 인간의 정체성을 형성하고, 이를 시적 표현으로 어떻게 재구성하는지를 탐구한다. 특히 「신논현역 7번 출구」, 「부모님 묘역에서」, 「이방인의 집」이라는 작품들은 과거와 현재, 기억과 장소가 어떻게 서로 교차하며 새로운 의미를 생성하는지를 깊이 있게 다룬다.

챙 넓은 우산처럼 품을 열어 날 맞았지
만남의 실을 꿰는 그 출구 매양 거기
발효돼 곰삭은 얘기 맛갈스레 나눈다

오랜 날 다른 곳만 바라보고 걸어온 길

오늘은 그대 앞에 밝은 햇살 풀어 놓고
뉘엿한 금빛 놀 안에 눈을 가만 맞춘다
 －「신논현역 7번 출구」 전문

「신논현역 7번 출구」는 서울의 한 지하철 출구를 중심으로 인간의 만남과 이별을 서술한다. 이 시조는 지하철역이라는 공간을 통해 매일 수많은 사람이 서로 마주치고 헤어지는 일상의 순환을 포착하며, 이를 통해 시간의 흐름 속에서 개인의 기억이 어떻게 형성되고 변화하는지를 탐구한다. "만남의 실을 꿰는 그 출구 매양 거기 / 발효돼 곰삭은 얘기 맛갈스레 나눈다"라는 구절은 개인적인 기억과 사회적 기억이 공간과 어떻게 연결되어 있는지를 상징적으로 표현하며, 과거의 감정과 현재의 경험이 어떻게 서로를 반영하는지를 시적으로 드러낸다.

흰 구름 흘러가다 잠깐 멈춘 그 자리에
주름진 몸피 두른 아름드리 느티나무
넓은 품 한껏 펼치며 보호수로 서 있다

땡볕에 그을릴까 씌워주는 그늘 양산
푸른 꿈 잃지 말라 초록을 덧칠하며
저무는 막내딸의 봄을 온몸으로 막고 있다
 －「부모님 묘역에서」 전문

「부모님 묘역에서」는 부모님의 묘역을 찾은 시적 화자의 내면적 감정과 추모의 과정을 섬세하게 그린다. 이 시조에서 묘역이라는 장소는 과거와 현재, 생과 사가 교차하는 공간으로 표현되며, 시간을 초월한 가족의 연결을 상징한다. "주름진 몸피 두른 아름드리 느티나무 / 넓은 품 한껏 펼치며 보호수로 서 있다"는 구절은 부모와 자식 간의 보호와 사랑의 관계를 자연 이미지를 통해 감동적으로 전달한다. 이 시조는 개인적 추모를 통해 공통된 인간 경험의 깊이를 탐구하며, 기억이 시간을 넘어서 어떻게 감정과 정체성을 형성하는지를 보여준다.

이방인 푸른 눈에 이슬이 맺혔을까

그날의 함성 소리 하늘과 땅 울려올 때

딜쿠샤 앞마당에도 태극 물결 출렁였지
– 「이방인의 집」 전문

「이방인의 집」은 역사적인 사건을 개인적 기억과 연결시키며, 과거의 사건이 현재의 인식에 어떻게 영향을 미치는지를 탐구한다. 이 시조에서는 3·1운동과 관련된 역사적 장소를 배경으로 하여, 개인적 기억과 국가적 역사가 어떻게 서로 상호작용하는지를 다룬다. "그날의 함성 소리 하늘과 땅 울려올 때 / 딜쿠샤 앞마당에도 태극 물결 출렁였지"라는 구절은 개인의 기억과 국가의 역사가 어떻게 공간을 통해 연결되어 있는지를 보여준다. 이 작품은 역사적 사건을 통해 개인의 정체성이 어떻게 형성되고, 이를 통해 과거와 현재가 어떻게 대화하는지를 시의 언어로 나타낸다.

"누구나 다 아는 듯 손잡고 걸었던 그 길 / 세월이 흘러도 여전히 그곳에는" (옛 길) 오래된 길을 걷는 경험을 통해 과거의 기억과 현재의 순간이 어떻게 지속적으로 상호작용하는지를 시적 언어로 드러낸다. "빛바랜 들판 끝에 서 있는 내 어머니 / 살갗이 해지도록 옛 기억 품어 안고" (겨울 나목) 과거의 기억을 상징하는 어머니의 이미지를 통해, 시간이 흐름에 따라 변화하는 가족 관계와 개인의 정체성을 탐구한다.

　이상에서 살펴본 작품들은 시간과 기억을 주제로 한 최은희 시인의 작품 세계에서 어떻게 과거와 현재, 기억과 장소가 서로 교차하며 새로운 의미를 생성하는지를 깊이 있게 탐구한다. 독자들에게 과거의 기억이 현재의 삶에 어떻게 영향을 미치는지를 재인식하게 하며, 이를 통해 개인적 경험과 역사적 사건 사이의 연결을 성찰하게 한다. 이러한 작품들은 시인의 섬세한 감성과 깊은 성찰을 통해 일상과 역사, 기억과 시간이 어떻게 서로를 반영하고 영향을 주는지를 탐색하며, 인간 존재의 다면성을 풍부하게 드러낸다.

6. 문화적 정체성과 유산의 재해석: 시대를 아우르는 시적 다리

최은희 시인의 시조집 『신논현역 7번 출구』는 문화적 정체성과 유산을 근원적으로 탐구하며, 시간과 공간을 초월한 연결고리를 섬세하게 그려낸다. 특히 「마두금」, 「타는 가슴으로」, 「칭기즈칸처럼」이라는 시조들은 문화적 정체성의 다층성과 개인 및 집단의 유산이 어떻게 현재와 과거를 잇는지를 탐구한다.

초원을 불러낸다, 심줄 같은 두 줄 현絃이

갈기 푼 구름들은 떼를 지어 달려오고

오래된 말발굽 소리 대륙의 혼 깨운다
― 「마두금」 전문

「마두금」은 몽골의 전통 악기를 통해 문화적 정체성을 탐색한다. 이 시조에서 마두금의 소리는 단순한 음악을 넘어서 몽골의 역사와 전통, 그리고 정체성을 소환하는 매개체로 작용한다. "초원을 불러낸다, 심줄 같은 두 줄 현이 / 갈기 푼 구름들은 떼를 지어 달려오고"라는 구절은 마두금의 소리가 어떻게 문화적 기억과 연결되어 공간을 초월하는지를 보여준다. 이 시조는 전통음악을 통해 개인과 집단의 정체성을 재확인하며, 과거와 현재, 전통과 현대 사이의 교류를 시적으로 탐구한다.

빈 강정 채울듯이 가슴 가득 별을 품고

    구름 사이 숨어있는 그대 얼굴 바라 보다

    여명이 새벽을 열 때 나도 따라 빛이 될래
-「타는 가슴으로」 전문

「타는 가슴으로」는 한국의 전통적 요소와 개인의 감정이 어떻게 상호작용하는지를 다룬다. 이 시조는 역사적, 문화적 요소가 개인의 정체성 형성에 미치는 영향을 감성적으로 포착하며, 개인적 경험을 통해 광범위한 문화적 상황을 반영한다. "빈 강정 채울듯이 가슴 가득 별을 품고 / 구름 사이 숨어있는 그대 얼굴 바라 보다"라는 구절은 역사적 상황과 개인적 감정이 어떻게 서로를 반영하고 영향을 주는지를 상징적으로 표현한다.

    칭기즈칸 호령 같은 바람소리 일어난다

    태양을 향해 서라, 옹골차게 외쳐대면

    내 안의 푸른 핏줄이 산맥처럼 펄떡인다
-「칭기즈칸처럼」

「칭기즈칸처럼」은 몽골의 역사적 인물 칭기즈칸을 통해 문화적 자부심과 정체성을 강조한다. 이 시조는 칭기즈칸의 역사적 위상이 현대 몽골인의 자아와 어떻게 연결되는지를 탐구하며, 과거의 영웅적 인물이 현재에 어떻게 영향을 미치는지를 시적으로 드러낸다. "태양을 향해 서라, 옹골차게 외쳐대면 / 내 안의 푸른 핏줄이 산맥처럼 펄떡인다"라는 구절은 문화적 영웅이 개인의 자긍심과 문화적 정체성을 어떻게 강화하는지를 보여준다.

예로 든 세 시조 외에도 문화적 정체성과 유산이 개인의 삶과 어떻게 연결되어 있는지를 깊이 있게 탐구하는 작품들이 있다. "상 위에 수북하다 바다에서 건진 성찬 / 망치로 두들겨도 순순히 몸 바치는" (메릴랜드의 크랩) 이 구절은 메릴랜드 지역의 특징적인 해산물, 크랩을 통해 지역 문화와 식문화의 정체성을 탐구하며, 그 지역의 유산과 전통을 반영한다. "뻘밭을 뒹굴어도 잊지 못 할 이름 있다 / 얄팍한 가슴팍에 박혀 있는 대못 하나" (너에게 난) 이 구절은 개인적인 감정과 경험을 통해 문화적 정체성과 개인 정체성 사이의 연결고리를 탐구하며, 과거와 현재의 정서적 유산을 드러낸다. "눈 내린 종로에서 늙은 애들 모이던 날 / 서로의 모습에다 교복을 입혀보니" (여고동창) 과거의 학창 시절을 회상하며, 그 시절의 문화와 현재의 변화된 정체성을 대비시키는 이 구절은 문화적 유산과 개인의 성장이 어떻게 상호작용하는지를 시적 미학으로 풀어낸다.

최은희 시인은 문화적 요소들을 시적 언어로 재해석하며, 이를 통해 독자들에게 과거와 현재, 개인과 집단 사이의 연결고리를 성찰하게 한다. 이러한 작품들은 시인의 섬세한 감성과 깊은 성찰을 통해 문화적 정체성의 복잡성을 풍부하게 탐색하며, 인간 존재의 다양한 면모를 드러낸다.

7. 맺는 말

최은희 시인의 『신논현역 7번 출구』는 현대 시조의 지평을 넓히는 동시에, 문학적 전통과 혁신 사이에서 발생하는 창조적 긴장을 통해 새로운 의미와 아름다움을 탄생시키는 작업을 하고 있음을 살펴보았다. 이 시조집은 단순히 개인적 감정의 표출이나 사회적 현상의 반영에 그치지 않고, 깊이 있는 문학적 사유와 예술적 상상력을 통해 인간 존재와 자연, 역사와 문화가 어떻게 서로 교차하고 상호작용하는지를 탐구한다. 시인은 전통 시조의 형식을 충실히 따르면서도 그 안에 현대적 감성과 주제를 섬세하게 녹여내어, 과거와 현재, 동양과 서양, 개인과 사회가 어떻게 서로 연결될 수 있는지를 시적 언어로 탐색하고 있다.

이 시조집의 각 작품은 일상에서 마주치는 수많은 순간과 그 속에서 발견할 수 있는 초월적인 아름다움을 포착하여, 이를 통해 독자들에게 삶의 다채로운 측면을 재조명하게 한다. 시인은 자연의 소소한 변화에서부터 굵직한 역사적 사건에 이르기까지, 그의 예리한 관찰력과 풍부한 감성으로 다양한 테마를 아우르며 시적 세계를 구축한다. 이러한 점에서 최은희 시인의 작업은 단순히 아름다운 시를 창조하는 것을 넘어, 시조를 통해 우리가 사는 세상을 새롭게 해석하고 이해하는 데 중요한 역할을 한다.

시조집에서 다뤄지는 주제들—자연과의 교감, 시간과 기억, 문화적 정체성 등—은 모두 인간 삶의 본질적인 질문에 대한 성찰을 담고 있다. 시인은 이러한 주제들을 다루면서도 각각의 시조에서 고유한 목소리와 시적 이미지를 통해 독자들에게 깊은 감동과 사유의 기회를 제공한다. 이는 최은희 시인이 현대 시조를 통해 어떻게 문학적 전통을 계승하면서도 새로운 시적 가능성을 모색하고 있는지를 보여주는 사례로 볼 수 있다.

더욱이 이 시조집은 시인 개인의 경험과 기억을 넘어, 보편적인 인간 감정과 역사적 사건을 교차시키며 이를 통해 우리 모두가 공유할 수 있는 감정의 언어와 사상의 공간을 마련한다. 이 과정에서 시인은 전통적인 시조의 구조를 현대적 감각으로 재해석하여, 과거의 시적 형식이 현대의 다양한 문화적 맥락과 어떻게 소통할 수 있는지를 탐구한다. 이러한 시적 실험과 문학적 노력은 한국 시조가 세계 문학의 흐름 속에서 어떻게 자신의 위치를 확립할 수 있는지에 대한 가능성을 제시한다.

최은희 시인의 『신논현역 7번 출구』는 현대 문학에서 중요한 위치를 차지하며, 그의 시조가 어떻게 시간과 공간을 초월한 보편적 감정과 사상을 효과적으로 전달하는지를 명확히 보여준다. 시집을 통해 제시된 문학적 깊이와 예술적 성취는 독자들로 하여금 자신들의 삶을 다시금 성찰하고, 더 넓은 세상과의 연결을 탐색하는 계기를 마련해 준다. 이런 의미에서 최은희 시인의 작업은 한국 문학에서 독특하고 중요한 의미를 갖는다고 할 수 있다. 그의 시조는 우리 모두가 직면하고 있는 삶의 문제와 고민에 대해 새로운 시각과 해석을 제공하며, 이를 통해 문학이 어떻게 인간의 삶을 풍요롭게 할 수 있는지를 보여준다.

결국, 최은희 시인의 이 시조집은 단순히 아름다운 시들의 집합이 아니라, 인간 삶의 근원적 질문에 대한 깊이 있는 탐색과 그에 대한 시적 답변을 제시하는 문학적 성찰의 장이다. 이를 통해 그는 현대 사회와 문학 사이의 다리 역할을 수행하며, 문학적 전통과 혁신 사이에서 새로운 길을 개척하는 중요한 역할을 하고 있다.

최태응 작가의 작품들이 시대의 아픔과 인간의 내면을 섬세하게 그려낸 것처럼 최은희 시인의 시조가 펼쳐내는 깊은 자연의 사색, 역사 속의 숨결을 거쳐 인간 내면의 성찰에 이르는 여정은 독자들에게 큰 울림을 준다. 이러한 시적 여정이 앞으로도 계속 이어져, 더 많은 이들이 최 시인의 작품을 통해 삶의 다양한 면모와 그 속에 담긴 깊은 의미를 발견할 수 있기를 기대한다.